CB035874

O oráculo *dos* números

Johann Heyss

O oráculo *dos* números

CIP-BRASIL. CATALOGAÇÃO-NA-FONTE
SINDICATO NACIONAL DOS EDITORES DE LIVROS, RJ

Heyss, Johann

H534o O oráculo dos números / Johann Heyss. - Rio de Janeiro: Nova Era, 2010.

ISBN 978-85-7701-315-9

1. Oráculos. 2. Simbolismo dos números. I. Título.

09-5971 CDD: 133.3
CDU: 133.3

Título original: O oráculo dos números

Capa e projeto gráfico: Julio Moreira

Para mais informações, acesse: www.johannheyss.com, www.myspace.com/heyss, ou escreva para: johann.heyss@gmail.com

Impresso no Brasil

Sumário

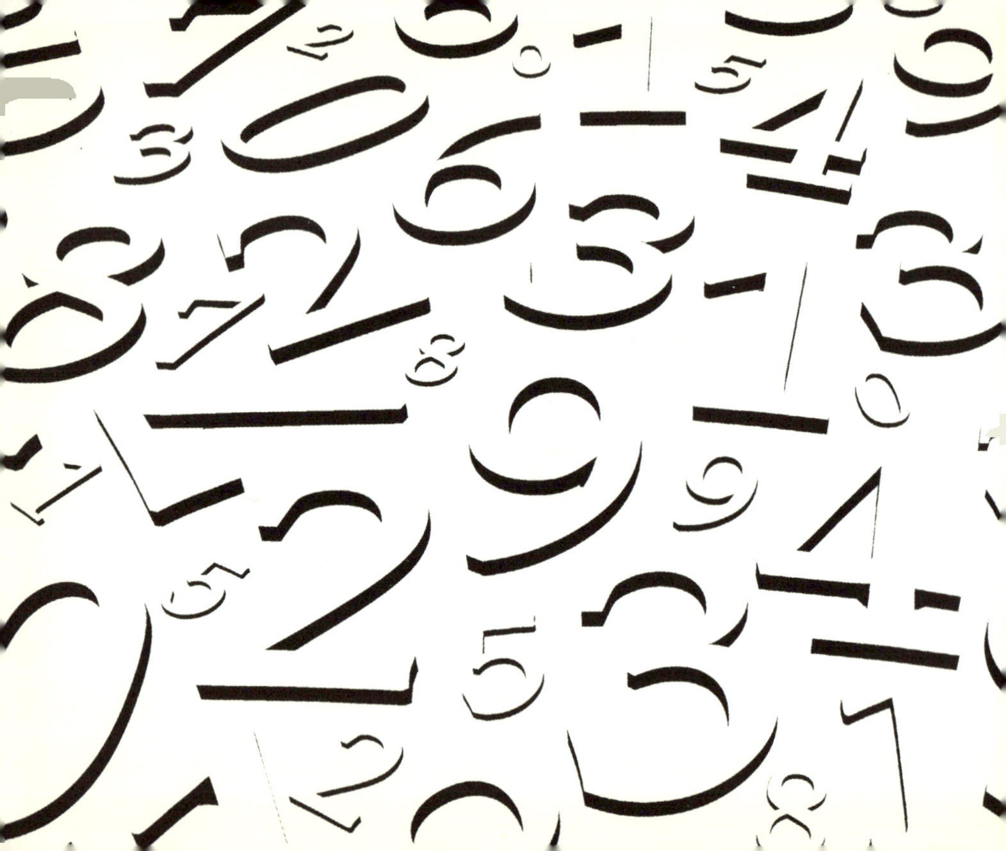

I. Prefácio

JOHANN HEYSS É CERTAMENTE um dos mais competentes e preparados numerólogos brasileiros da atualidade. Seu profundo domínio da numerologia, ao mesmo tempo ancestral e atual, faz com que ele seja o autor ideal e possua a ousadia para desenvolver uma nova forma de lidar com esse conhecimento, atribuindo-lhe uma função oracular inédita. Os textos de Heyss explicam de maneira direta o significado das combinações numéricas. Só mesmo alguém com tamanha bagagem poderia elaborar esse sistema único de utilização dos principais arquétipos do saber numerológico e transformá-lo em um instrumento de fácil compreensão, como ele fez em *O oráculo dos números*.

Os oráculos têm uma importância e um lugar especial em nossa vida, principalmente quando buscamos compreender as situações que o Universo nos apresenta e a forma mais adequada de agir diante delas. São eles que melhor esclarecem uma dúvida circunstancial, uma pergunta voltada para determinado propósito, uma questão formulada com a intenção de descobrir a direção apropriada a seguir, a atitude certa a tomar. O autor explica essa utilidade específica do oráculo logo na abertura do livro, com a clareza que caracteriza seu estilo.

Para um entendimento mais completo de *O oráculo dos números* basta lembrar outros oráculos bastante conhecidos e apreciados, entre eles o mais antigo e tradicional, o *I Ching*, o complexo e fascinante sistema binário do jogo de búzios trazido da tradição africana, além do jogo das runas da tradição nórdica. Todos já estão incorporados ao nosso dia a dia, uns mais, outros menos.

A forma como Johann Heyss estrutura as diferentes seções de seu oráculo dos números reflete mais uma vez seu preparo e sua capacidade intelectual no campo da numerologia. Ao dividir as possíveis respostas em cinco principais áreas de interesse da natureza humana – Trabalho, Amor, Família e amizades, Saúde e Conselho geral –, Heyss simplifica a utilização do potencial de orientação que o consulente encontra neste trabalho. É muito simples aprender a jogar com os números e saber como voltar o foco de nossas perguntas na direção daquilo que buscamos.

E, finalmente, ao utilizar esta obra da maneira sugerida pelo autor, podemos especular que temos o privilégio histórico de assistir ao surgimento de um novo clássico da literatura esotérica no que diz respeito aos sistemas oraculares, e imaginar que *O oráculo dos números* se perpetuará por muito tempo, como o já citado *I Ching*.

Este é um livro plenamente adequado aos tempos modernos e velozes do século XXI. Uma obra perene que já nasce clássica, pela simplicidade de utilização e compreensão e pela abrangência de suas respostas práticas, diretas e profundas.

Waldemar Falcão

Araras, Petrópolis, maio de 2009

II. O oráculo

A NUMEROLOGIA É UM SISTEMA esotérico de autoconhecimento, uma técnica – assim como a astrologia –, mas não é um oráculo, como o tarô, o *I Ching* e as runas.

E qual é a diferença?

O mapa numerológico, bem como o astrológico, é único, porque é calculado apenas uma vez. Pode, sim, passar por diferentes interpretações e ter o trânsito calculado anualmente para revelar o desenvolvimento do mapa original. Mas os cálculos são fixos e oferecem uma perspectiva abrangente sobre a pessoa ou evento, que são vistos como um *todo*. Trata-se de um diagnóstico definitivo, embora, às vezes, as interpretações do mesmo mapa sejam mais ou menos como as diferentes opiniões de médicos sobre a saúde da mesma pessoa. O mapa numerológico é algo, portanto, atemporal.

Já um oráculo pode ser consultado em várias circunstâncias, apresentando um diagnóstico do momento *presente*, do fator emocional. É possível (embora não recomendável) consultar um oráculo várias vezes, o que resulta na mesma mensagem apresentada de maneiras diferentes ou até da mesma maneira.

Por exemplo, uma pessoa que nasceu sob o signo de Leão terá sempre o mesmo signo em seu mapa natal, independentemente de quem o calcule ou de quando seja calculado (exceto se houver algum erro de cálculo ou se forem mapas baseados em sistemas astrológicos distintos). Mas uma pessoa que venha a consultar o tarô em um determinado dia não terá *necessariamente* o mesmo resultado no dia seguinte. Isto se dá porque o tarô, como oráculo, refletirá antes o *estado de espírito* da pessoa e as consequências potenciais, em vez de fornecer uma visão mais distanciada e, portanto, mais abrangente – como seria o caso do mapa numerológico. O mapa mostra aquilo que é essencial e atemporal na pessoa; o oráculo, por outro lado, mostra o momento, que pode permanecer basicamente o mesmo ou mudar no dia seguinte, dependendo de sua velocidade natural.

Não existe aqui uma análise de valor: tanto o mapa quanto o oráculo são válidos em suas respectivas propostas. São diferentes, mas os números servem a ambos: podem ser usados também como oráculos ou nos mapas numerológicos. Os números, como já sabemos, são também arquétipos. E arquétipos, como símbolos, trazem mensagens.

O que proponho aqui é o uso complementar dos números como oráculos.* É muito fácil extrair deles uma mensagem especial para determinado momento. O oráculo dos números é próprio para a atmosfera urgente do século XXI, e um convite à abstração e ao conhecimento interior neste tempo tecnológico e veloz em que vivemos.

---

* Ver em anexo os números de 0 a 9, mais 11 e 22, prontos para cortar e usar.

Para fazer a consulta, pode-se anotar os números de 0 a 9, mais 11 e 22, em pedacinhos de papel e sortear um deles, respondendo, assim, a pergunta de maneira sucinta.

É preciso concentração ao se formular a pergunta, pois da precisão desta dependerá a exatidão da resposta. Se a pessoa não souber bem o que está perguntando, também não saberá ao certo o que o número está respondendo.

Questões ambíguas devem ser evitadas, pois as respostas irão mais confundir do que esclarecer. Por exemplo, se uma pessoa formula a pergunta "Comprarei um apartamento no Rio de Janeiro no ano que vem?", nenhum número poderá fornecer uma resposta válida. Em primeiro lugar, o termo "apartamento" não seria o ideal (a não ser que se queira *específica* e *necessariamente* um *apartamento*), mas sim “imóvel”, porque, em vez de um apartamento, é possível que se consiga uma casa. Além disso, a pergunta condiciona não só o tipo de imóvel, mas a localização e a época – pode ser que se consiga um imóvel em outra cidade, ou em outro ano. São várias perguntas em uma só. Neste caso, é preciso fazer uma pergunta por vez. Então, teríamos os seguintes questionamentos:

a. Vou conseguir comprar um imóvel?
b. Esse imóvel será um apartamento?
c. O imóvel será no Rio de Janeiro?
d. Conseguirei comprá-lo no ano “x”?

É positivo associar a concentração que precede a formulação da pergunta a algum tipo de meditação ou mesmo prece, caso a pessoa prefira. Pode ser boa ideia usar incensos, cristais e outros recursos do tipo, mas esses apetrechos não são *necessários*, tampouco *imprescindíveis*. É perfeitamente possível realizar uma consulta aos números estando sob pressão ou em momento de estresse, e ainda assim obter uma resposta válida. Contudo, é preciso ter sempre em mente que o oráculo dos números refletirá o momento no qual a pessoa realizou a consulta. Fazendo uso do livre-arbítrio, por meio de atitudes ou mesmo da forma como escolhemos sentir a pergunta, podemos acabar modificando-lhe o curso ao interagir com os fatos, transformando-os e, assim, transformando também as respostas.

É possível jogar os números sem fazer qualquer pergunta. Nesse caso, a mensagem deve ser tomada de maneira genérica, sendo o estudo do simbolismo dos números, através deste e de outros livros, fundamental para assimilar o sentido da mensagem.

Vejamos agora o significado dos números-arquétipos nas diferentes áreas da vida de uma pessoa e, em seguida, alguns exemplos. Observe que o número zero indica a ausência de resposta. Nesse caso, o conselho é reformular a pergunta e refazer a consulta, de preferência outra hora.

III. Os números

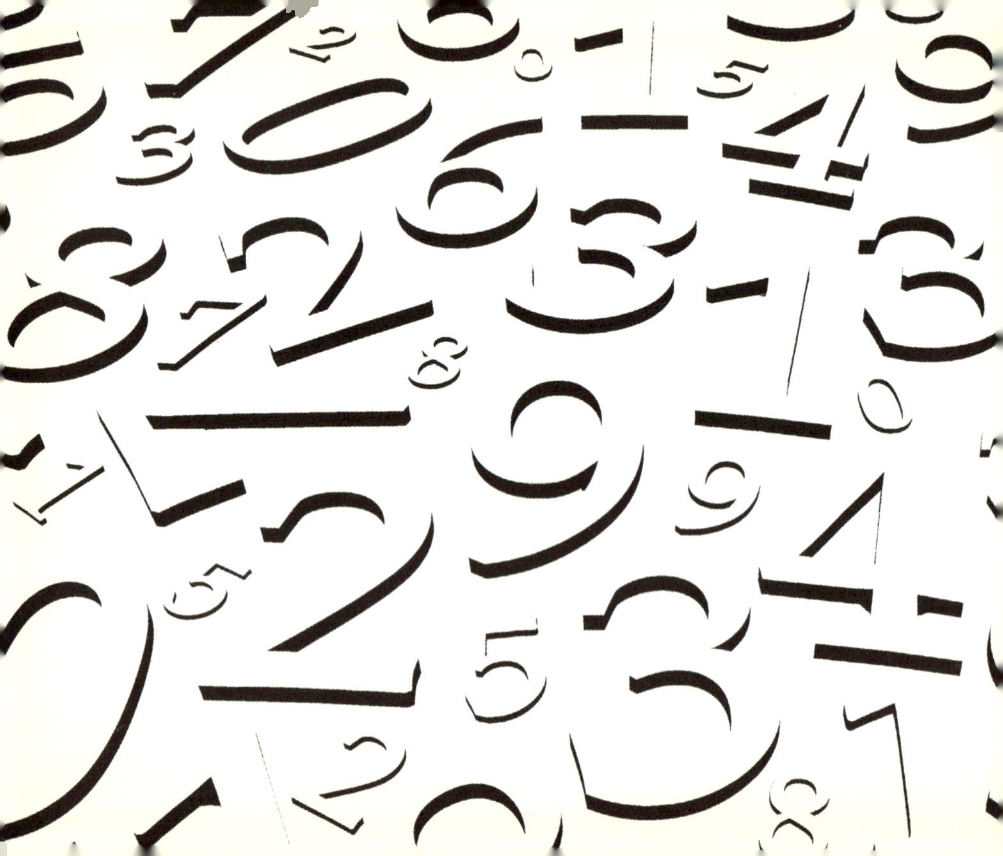

Trabalho

1

Seja ousado, sem ser arrogante. Autoconfiança é fundamental para conseguir convencer os outros. Momento de iniciativa e de tomar a frente de todas as ações. Modéstia agora não é qualidade; alimente sua vaidade e faça seu valor ser reconhecido.

2

Seja sutil e modesto, sem se humilhar.
Persuasão é a arma para convencer as pessoas.
Momento de espera, colaboração, de seguir
comandos superiores. Iniciativas agora são
tomadas como intromissão e pretensão.
Seja paciente, observe e siga o fluxo.

3

Seja criativo e alegre, mas sem ingenuidade.
As ideias originais e viáveis são as melhores armas.
Momento de brilho, de oportunidade, de contatos
com pessoas importantes. A abordagem deve
ser cercada de bom humor e jovialidade.

4

Seja sério e responsável, mas cuidado para
não exagerar na dose e se tornar carrancudo.
O pulo do gato se dará por meio de estabilidade,
confiabilidade e cumprimento de compromissos
e metas. Momento de estruturação e de lidar
com documentos e tarefas árduas.

5

Aposte, seja arrojado, mas não irresponsável.
Aceite e aproveite as oportunidades de mudança.
É mais fácil alcançar o objetivo por uma jogada
diferente do que seguindo os mesmos caminhos.
Quando se encontra o inesperado, pode-se
amargar ou saborear a surpresa.

6

Prefira os caminhos mais tradicionais e familiares, mas não confunda isso com nepotismo, nem para favorecer nem para ser favorecido. Mesmo assim, o crescimento profissional se dará entre pessoas com laços estabelecidos. Seja diplomático, não confronte, respeite os costumes.

7

Apure seu conhecimento e exercite seu intelecto. Estudo, diplomas e especialização são fundamentais. Evite, contudo, ser esnobe. Um olhar crítico, distanciado e isento vindo de um conhecedor do ramo será muito valorizado e recompensado.

8

Apurar o instinto para os negócios é fundamental agora; é preciso ambição e senso de oportunidade – o que não é o mesmo que oportunismo. Seja prático, nivele-se por alto, estabeleça e cumpra metas. Bom momento para lidar com dinheiro, documentos e com a Justiça, e para fazer matrículas e registros.

9

Este é o período que favorece o pulo do gato
no trabalho, realizando ao máximo aquilo no que se investiu.
Por isso mesmo, um ciclo se fecha, e é hora de preparar novos
voos. Mudanças são bem-vindas, mas sem impulsividade:
seja rápido e ágil, mas consciente do que faz.

11

Algo de inusitado está para acontecer no trabalho: siga sua intuição sem pestanejar. Não espere ser compreendido por muitos, mas se esforce para ser aceito pelas pessoas certas. Não seja arrogante, mas mantenha sua integridade a qualquer preço: isso em breve lhe favorecerá.

22

Uma oportunidade excepcional está a caminho, mas é preciso humildade e desprendimento para poder aproveitá-la. Seja competente e faça com dedicação o seu trabalho, sem armar estratégias, sem intencionar coisa alguma, e poderá ter tudo.

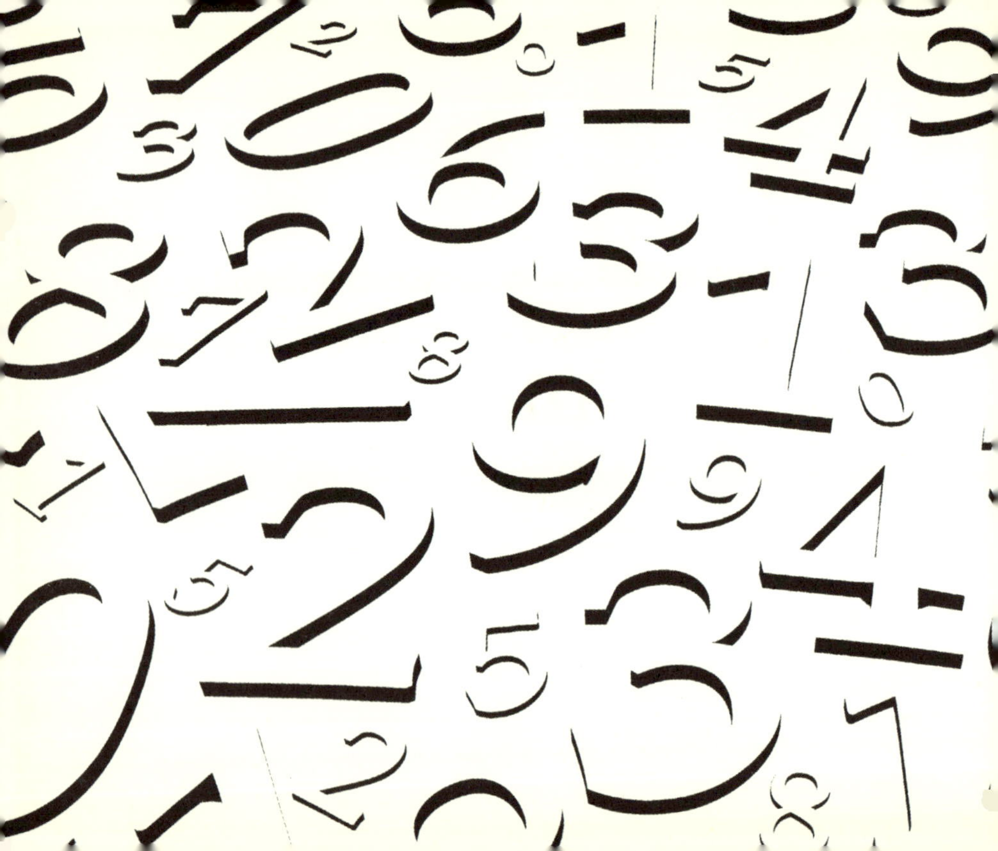

Amor

1

Viver em uma relação em que existe amor é sempre bom, mas a prioridade agora é o indivíduo. Priorize “eu”, em vez de “nós”. Evidentemente, isso não é pretexto para agir de maneira egoísta. Momento de conduzir a relação, para quem está em uma; para quem está só, a hora é de aproveitar a própria independência ou de partir para a abordagem e a paquera, se for o caso.

2

Dedique-se à pessoa amada, caso esteja com alguém. Se estiver só, seja receptivo para encontrar uma pessoa – mas não parta para o "ataque"; o momento sugere passividade. Deixe-se conduzir na relação, coloque o casal em primeiro lugar – dentro do razoável, é claro. Afinal, um casal é a soma de dois indivíduos.

3

O aspecto mais lúdico da relação deve ser aproveitado. Afinal, o prazer é a razão maior de uma relação amorosa – não só o prazer sexual, mas também o da companhia. Bom humor e amizade são fundamentais para uma relação sadia e duradoura. Quem está só deve buscar a companhia de amigos, pois os amigos destes podem vir a ser – ou levar a conhecer – um novo amor.

4

Toda relação tem um lado trabalhoso: é preciso investir no romance, além de ter paciência e maturidade para entender que nada nem ninguém é perfeito. Para quem está só, talvez seja o caso de se dedicar mais a certas obrigações e deveres do que se preocupar com um romance.

5

Procure ousar mais na sua vida amorosa.
É preciso acender o senso de aventura, descontrair, quebrar a rotina e mudar as regras. Um pouco de pimenta na relação só vai fazer bem. E se você estiver só, é hora de se aventurar, de ter uma atitude de conquista, mas procurando viver o momento, sem pensar muito no futuro.

6

Momento favorável ao casamento, à união plena, a morar junto, constituir família, ter filhos. Um relacionamento estável e duradouro. Evite, contudo, fazer coisas apenas para satisfazer a sociedade e/ou a família. O prazer é aumentado e complementado por um afeto sólido.

7

A temível hora de reavaliar a relação, quando se deve não ser apenas crítico do parceiro, mas exercer uma autocrítica na mesma proporção. Talvez seja necessário ficar sozinho, ainda que se esteja numa relação: uma viagem, uma circunstância ou mesmo uma separação temporária por motivo de força maior pode ser bastante benéfica.

8

Atenção a dois princípios: toda ação provoca uma reação e o histórico afetivo de uma pessoa influirá na maneira como ela filtra os acontecimentos da vida. O momento é de lidar com aspectos legais, documentos, questões financeiras que podem ajudar ou prejudicar uma relação – como quando é grande a diferença de poder aquisitivo entre os parceiros. Quem está só pode encontrar uma relação estável. Casos passageiros serão bem raros.

9

Os ânimos tendem a estar exaltados, tanto no sentido de excitação quanto no de descontrole emocional, o que traz mais altos e baixos que o normal. Não desconte no parceiro seus nervosismos, mas não deixe para depois a discussão sobre algo que esteja incomodando você. Momento de crescimento e de evolução, no qual a relação alcança sua maturidade e ocorre uma "troca de pele": a relação "morre", para renascer, repaginada. Uma relação nova pode surgir de modo tempestuoso e impulsivo.

11

Toda relação tem uma "zona de perigo", onde moram as palavras não ditas e as meias verdades. Essas estão no momento propício para serem tornadas claras, para o bem ou para o mal. Preste atenção na linguagem subliminar dos gestos e símbolos. Inverta um pouco os papéis: os homens tendem a assimilar mais seu lado feminino e as mulheres, seu lado masculino. Uma relação de forte ligação psíquica, quase telepática, pode surgir. Este número simboliza uma relação muito peculiar, extravagante até.

22

Um grande impedimento ou uma verdadeira epifania pode ocorrer. É um momento de grandes provas, quando a confiança entre os dois será revelada. De toda forma, é um momento que traz a chance de superação e crescimento. Deve-se pensar no bem maior, evitar qualquer tipo de centralização. Quem está só pode encontrar um novo amor em ambiente bastante improvável.

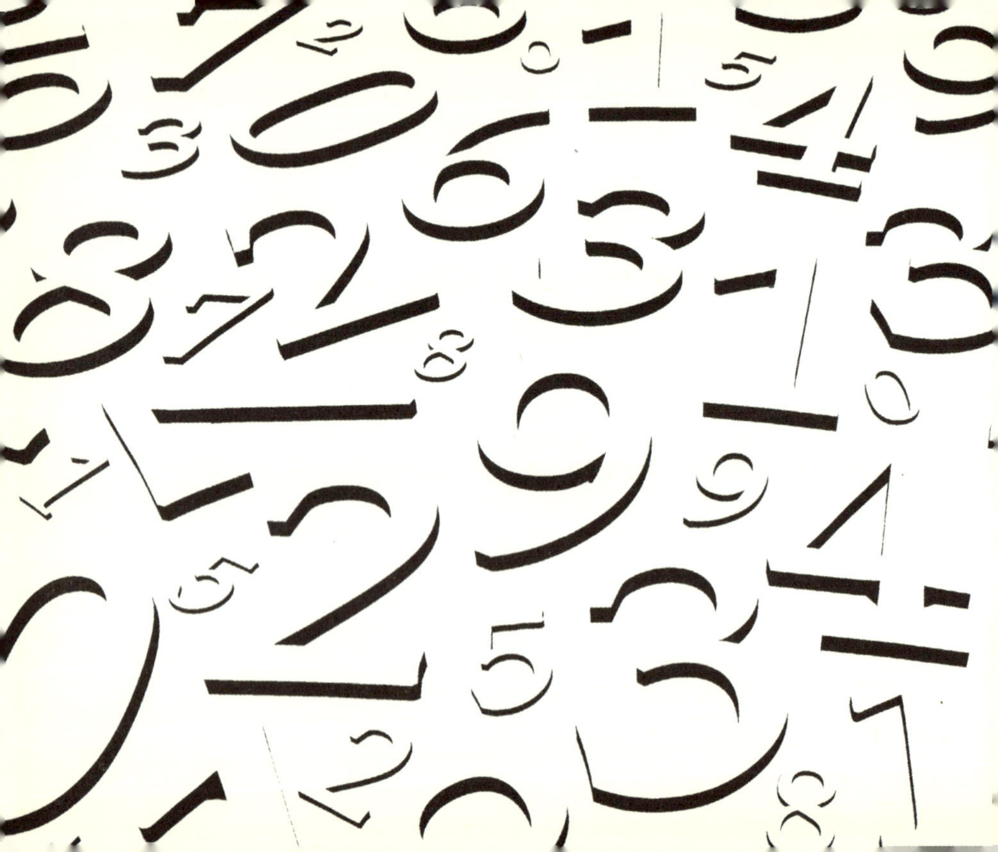

Família e amizades

1

É melhor tomar a iniciativa e conduzir as relações de afeto, para o bem delas, como um pai zeloso faria. Agora é melhor priorizar seu ponto de vista. Paternidade pode ser o assunto do momento – seja você pai, filho ou filha. Proteja a quem ama.

2

Momento propício para assumir uma postura mais passiva em relação aos amigos e à família, ou exercer seu poder de maneira persuasiva, maternal e sutil. Ouça mais o que os amigos e a família dizem. Maternidade é o termo na ordem do dia – seja você mãe, filho ou filha. Tenha a humildade de aceitar ajuda.

3

É preciso lidar com certa leveza com aqueles a quem se ama; ser uma luz e uma alegria para eles, tornar-lhes as coisas mais fáceis. Seja aquele que remove as nuvens cinzentas, aproveite a companhia dessas pessoas. Filhos ou crianças tendem a protagonizar este momento.

4

É hora de falar a verdade nua e crua. Seja aquele amigo que ensina, sem ser um pregador. Não é hora de superficialidades, mas de estimular o lado mais responsável e coerente dos entes queridos. Obrigações, obras, obstáculos e trabalho são temas recorrentes.

5

Seus amigos e sua família precisam que você seja aquele a romper os padrões, a quebrar as regras e a trazer um pouco de movimento e jovialidade. A diversão deve ser levada a sério: mostre aos amigos que você está com eles não só na necessidade, mas na felicidade. Adolescentes, rebeldia e aventuras rodeiam a situação, e uma amizade pode assumir contornos sexuais.

6

Os membros de uma família raramente nascem debaixo do mesmo teto. Isto fica claro quando amigos acabam sendo mais próximos que irmãos. A família, contudo, representa um vínculo definitivo e peculiar, e agora é o momento de se cumprir bem os papéis e as responsabilidades inerentes a isso. Amigos e família precisam de você, e você também deve contar com eles, agora mais que nunca. Nascimentos e mortes são típicos deste número, que põe em foco as relações mais profundas de afeto.

7

O conselho agora é manter-se relativamente isolado. De preferência, esteja com a família e com os amigos apenas em situações formais ou inevitáveis, e use esse certo distanciamento para apurar sua visão crítica sobre essas relações – mas não seja crítico apenas com os outros, seja incisivo consigo também. Pessoas idosas trazem grande contribuição e conselho, e é possível que você venha a compartilhar momentos de profunda espiritualidade com esses entes próximos.

8

Nem sempre é possível misturar família ou amigos com os negócios. A exceção viria apenas na forma de uma harmonia profissional tão incontestável que seria tolice não aproveitar a junção equilibrada de afeto e trabalho. Essas exceções existem... Um amigo ou um familiar pode ajudar bastante a resolver algum litígio ou a encontrar um documento. E ajuda financeira (da sua parte para seus próximos ou vice-versa) vem para originar ou para resolver um carma.*

* Carma, neste contexto, vem a ser meramente o resultado de uma ação "plantada" em um momento anterior.

9

Momento positivo para ampliar seu círculo de amizades, conhecendo pessoas de grupos diferentes ao que se acostumou. A família pode receber um novo membro, antes por casamento que por gravidez. Começo ou fim de uma grande amizade. Os ânimos tendem a estar bastante exaltados em família. Seja rápido, dinâmico e, sobretudo, generoso, evitando se deixar tomar por um nervosismo exagerado.

11

Uma amizade ou uma pessoa da família servirá de instrumento para uma mensagem que você não quis ouvir de outras maneiras. Você tende a se sentir incompreendido pelas pessoas que ama, e é possível que esse sentimento tenha fundamento. Mas não os culpe: você está sentindo ou descobrindo coisas difíceis de expressar. Se houver dúvidas, deixe estar, elas serão naturalmente esclarecidas.

22

Sua vontade de ajudar está na mesma proporção do medo de encarar desafios grandes demais. É fundamental que você aceite a missão, embora tenha o livre-arbítrio para declinar. Grande oportunidade de crescimento compartilhada por você e por pessoas queridas, mas é preciso dissolver o próprio orgulho para poder aproveitá-la. Pense em si mesmo como uma das peças de um coletivo que abrange os entes queridos, mas que se estende em conexões para toda a humanidade.

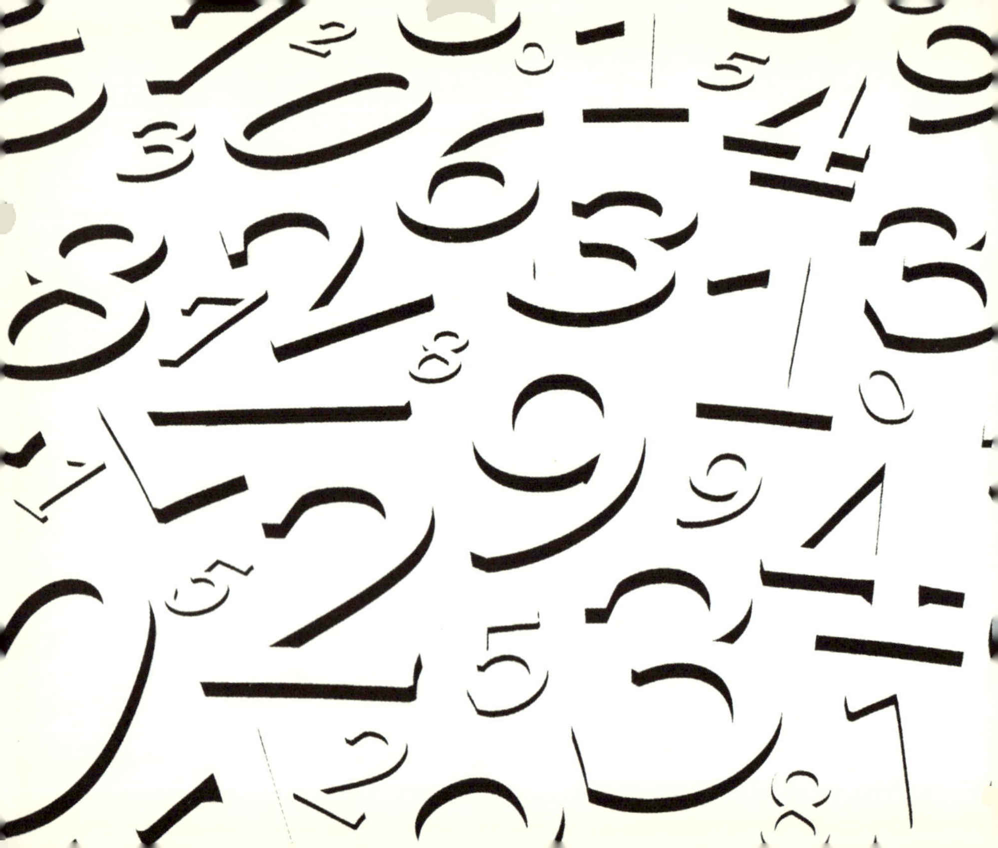

Saúde

1

O potencial positivo para a saúde, neste caso, é a resistência, vinda da força e do orgulho que este número traz. O potencial negativo é que essa mesma ostentação pode encobrir sintomas que, se investigados tarde demais, podem trazer problemas graves ou irreversíveis. Parte relacionada: cabeça, especialmente o cérebro e a face.

2

O aspecto positivo vem na adaptabilidade às diversas condições, na capacidade de regeneração espontânea. O negativo vem na forma de problemas de circulação, bexiga ou líquidos em geral. Partes relacionadas: boca, ouvidos, bem como todos os fluidos corporais e orifícios.

3

Ponto positivo: bom humor e leveza, que ajudam na prevenção ou na recuperação de qualquer doença ou problema de saúde. O ponto negativo é a tendência a não levar algumas coisas a sério, bem como problemas na voz, nariz, garganta ou laringe.

4

O melhor aspecto deste número, em termos de saúde, é sua determinação em vencer obstáculos, que transforma o combate a um problema de saúde em questão de honra. O pior aspecto seria a tendência a priorizar coisas supostamente mais urgentes (*i.e.*, trabalho e obrigações), como se algo pudesse ser mais urgente que a própria saúde. Os pés e as mãos são os pontos mais frágeis, e a estafa é o mal mais recorrente ao número 4.

5

O ponto forte é a vivacidade e a urgência de viver, que ajudam a criar anticorpos e a reagir bem a enfermidades ou ferimentos, mas o ponto fraco vem com a facilidade para assimilar vírus e bactérias – ou seja, o sistema imunológico é um ponto essencial para o número 5. Noções de higiene e senso de responsabilidade podem evitar muitos problemas de saúde, nesse caso. Tendência a alergias, intoxicação ou acidentes imprevisíveis.

6

O ponto forte é a predisposição a sentir grande empatia, o que leva a vivenciar a dor dos outros (origem do seu instinto protetor e cooperativo, além da sua capacidade de procriação). Especialmente nesse caso, o fator emocional é determinante na recuperação de alguma enfermidade. Problemas emocionais ou cardíacos são os pontos fracos deste número, que tem relação direta com o coração.

7

Os pontos fortes são a visão e a respiração. Há uma tensão excessiva, advinda de rigorosa autocrítica ou mau humor, podendo ser um fator de desintegração da saúde. Contudo, sua tendência à prevenção (que beira a hipocondria) pode de fato ajudar muito. Propício a check-ups. Enxaquecas e problemas ligados ao cérebro podem ocorrer e devem, se possível, ser prevenidos.

8

Favorável para cirurgias, que tendem a ser mais bem-sucedidas, e para adotar rotinas ou dietas que dependam de disciplina e força de vontade. Problemas digestivos ou com os ossos e os dentes são próprios do número 8, que também representa enorme capacidade de regeneração e de luta quando ocorre alguma enfermidade. Hábitos negativos de longa data apresentam agora sua conta, portanto, olhe para trás em benefício de sua boa saúde para encontrar a origem da enfermidade que acomete você neste momento.

9

O melhor aspecto deste número é a grande reserva de energia à disposição da pessoa, e a facilidade de adaptação do corpo a situações mais adversas. O ponto mais vulnerável é, sem dúvida, o sistema nervoso. Ansiedade e pressa podem levar a acidentes e a crises nervosas. Mas não adianta fingir calma: é melhor canalizar a energia de maneira positiva mediante exercícios, esporte e outras atividades físicas.

11

A melhor coisa a se fazer pela saúde neste momento é meditar, sintonizando com os mundos interno e externo. Atenção para o risco de contrair alguma doença exótica ou não identificada, não necessariamente contagiosa. O aspecto mais positivo é a capacidade de agir por instinto de maneira a aproximar-se da cura – assim como os animais que sabem comer a erva correta quando se sentem mal. O corpo está mais vulnerável a enxaquecas e esgotamento psicológico. Curas espirituais e tratamentos alternativos tendem a funcionar bem agora, mas não podem ser desculpa para abandonar tratamentos reconhecidamente eficazes da medicina convencional.

22

Este número traz, ao mesmo tempo, um grande desafio para a saúde e a capacidade para cumpri-lo e ultrapassá-lo. Um problema pode parecer ameaçador, mas pode ser superado sem deixar maiores sequelas.

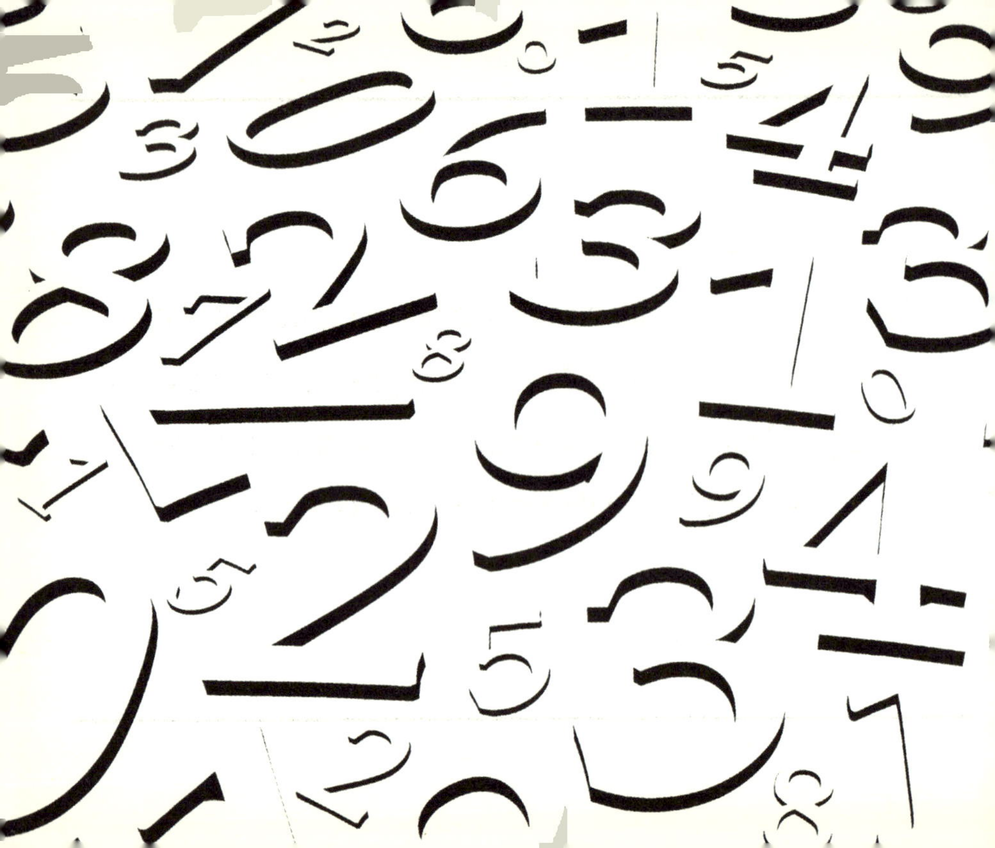

Conselho geral

1

Seja você homem ou mulher, estimule seu lado yang, ativo, masculino.

2

Seja você mulher ou homem, estimule seu
lado yin, passivo, feminino.

3

Independentemente da sua idade, estimule
seu lado infantil, criativo, alegre.

4

Estimule o lado mais responsável, honesto, conservador e econômico de sua personalidade.

5

Estimule seu lado aventureiro, sensual, rebelde, hedonista, inovador, experimental.

6

Estimule seu lado afetuoso, caloroso, solícito, familiar, tradicional, estável.

7

Estimule seu lado introspectivo, estudioso, maduro, crítico, analítico, e cuide da saúde.

8

Estimule seu lado ambicioso, empreendedor, justo, administrador, competitivo.

9

Estimule seu lado filantrópico, internacionalista, político, ágil, democrático, expansivo.

11

Estimule seu lado excêntrico, intuitivo, revolucionário, vanguardista, incomum.

22

Estimule seu lado caridoso, reformador, maduro, coletivista, receptivo, organizador.

Este livro foi composto na tipologia Century 725, em corpo 15/24,
e impresso em papel off-white 90g/m², na RR Donnelley.

0 1 2

3 4 5

6	7	8
9	11	22